Bibliografische Information der Deutschen Nationalbibliothek:

Die Deutsche Bibliothek verzeichnet diese Publikation in der Deutschen National-bibliografie; detaillierte bibliografische Daten sind im Internet über http://dnb.d-nb.de/ abrufbar.

Impressum:

Copyright © 2017 GRIN Verlag
Druck und Bindung: Books on Demand GmbH, Norderstedt Germany
ISBN: 9783346077295

Dieses Buch bei GRIN:

https://www.grin.com/document/508157

Kse Nia

Crowdscourcing im Unternehmen. Wie funktioniert digitale Wertschöpfung?

GRIN Verlag

GRIN - Your knowledge has value

Der GRIN Verlag publiziert seit 1998 wissenschaftliche Arbeiten von Studenten, Hochschullehrern und anderen Akademikern als eBook und gedrucktes Buch. Die Verlagswebsite www.grin.com ist die ideale Plattform zur Veröffentlichung von Hausarbeiten, Abschlussarbeiten, wissenschaftlichen Aufsätzen, Dissertationen und Fachbüchern.

Besuchen Sie uns im Internet:

http://www.grin.com/

http://www.facebook.com/grincom

http://www.twitter.com/grin_com

FOM Hochschule für Oekonomie & Management Essen

Standort Berlin

Berufsbegleitender Studiengang zum

Master in IT Management

Seminararbeit in Interdisziplinäre Aspekte der
Wirtschaftsinformatik

Wertschöpfung digital – Erfolgsfaktoren für Crowdsourcing im Unternehmen

I.   Inhaltsverzeichnis

II. Abbildungsverzeichnis

1. Einleitung

Outsourcing in Billiglohnländer war gestern, heute soll Crowdsourcing zum unternehmerischen Erfolg verhelfen. Die Funktionen des interaktiven Web 2.0, in dem jeder Internetnutzer Inhalte generieren kann, ermöglichen solche Konzepte der Zusammenarbeit. Wikipedia ist für wissenschaftliche Arbeiten zwar nicht zitierfähig, ist aber eines der bekanntesten Beispiele für Crowdsourcing. Zahlreiche Mitglieder teilen ihr Wissen miteinander und entwickeln die Plattform damit weiter.

Eine von der Humboldt Universität zu Berlin im Jahre 2014 durchgeführte Umfrage belegt, dass Crowdsourcing in nahezu allen Bereichen des Unternehmens zum Einsatz kommt: Kundenservice, Marketing, Marktforschung, Vertrieb, Personal, Forschung und Entwicklung sowie Finanzierung und Produktion.[1] Es existieren zahlreiche Beispiele für erfolgreiche Crowdsourcing-Kampagnen. Namenhafte Unternehmen, wie Fiat, Sennheiser und Tchibo setzen auf die neue Methode ihre Produkte zu entwickeln.[2] Dennoch eignet sich diese Methode nicht für alle Unternehmen und Fragestellungen. Eine Crowdsourcing-Aktion sollte immer gut durchdacht werden und vonseiten des Unternehmens kontrolliert ablaufen.

Der Einsatz von Crowdsourcing basiert auf der Tatsache, dass fortwährend mehr Unternehmen den Prozess der digitalen Transformation bestreiten. Die Wertschöpfung der Unternehmen erfolgt vermehrt digital.

Das Ziel der Arbeit ist es, die Erfolgsfaktoren von Crowdsourcing für die unternehmerische Praxis herauszustellen und Handlungsempfehlungen zu geben, wie eine Crowdsourcing-Aktion zum Erfolg wird. In Kapitel 2 werden die theoretischen Grundlagen zur digitalen Wertschöpfung und der digitalen Transformation analysiert, die die Basis für Crowdsourcing-Aktivitäten bilden. Die Arten des Crowdsourcing werden vorgestellt. Erfolgsfaktoren einer digitalen Transformation im Unternehmen sind Thema des dritten Kapitels. Im letzten Kapitel werden die Chancen, Risiken und Erfolgsfaktoren beim Einsatz von Crowdsourcing als Leitfaden für die Unternehmen, die das Konzept einsetzten wollen, aufgezeigt.

---

[1] Vgl. Al-Ani et al. 2014
[2] Vgl. Roskos 2009 online verfügbar

Die folgenden Forschungsfragen soll die Arbeit beantworten:

- Warum ist die digitale Transformation für jedes Unternehmen notwendig und in welchen Schritten soll sie erfolgen?
- Unter welchen Voraussetzungen verläuft die digitale Transformation erfolgreich?
- Welche Formen des Crowdsourcing existieren und wie können diese bei dem Prozess der digitalen Transformation helfen?
- Welche Chancen und Risiken birgt der Einsatz von Crowdsourcing und welche Faktoren müssen für den Erfolg beachtet werden?

Der detaillierte Prozess des Crowdsourcing und die existierenden Plattformen werden in dieser Arbeit nicht betrachtet.

2. Digitale Wertschöpfung am Beispiel Crowdsourcing

2.1 Digitale Wertschöpfung und digitale Transformation

Digitale Wertschöpfung nimmt immer mehr an Bedeutung zu. Digitalisierte und standardisierte Prozesse sollen Mitarbeiter entlasten, die Planung und Steuerung vereinfachen und insgesamt Prozesse effizienter gestalten.[3] Das BMWi erklärt den Begriff der Digitalisierung als „umfassende Vernetzung aller Bereiche von Wirtschaft und Gesellschaft sowie die Fähigkeit, relevante Informationen zu sammeln, zu analysieren und in Handlungen umzusetzen."[4] Im Zuge der Digitalisierung entstehen neue digitale Produkte, die von den Kunden hergestellt und vermarktet werden. Aufgrund neuer Distributionswege kann die unternehmerische Wertschöpfung optimiert werden, ohne dass höhere Produktionskosten entstehen.[5] Eine im Jahr 2014 von PwC durchgeführte Studie mit 235 Unternehmen zeigt auf, dass die Unternehmen branchenübergreifend bis zum Jahr 2020 über 80 % ihrer Wertschöpfungskette digitalisiert haben wollen. Nicht nur die Wertschöpfungsketten sollen digitalisiert werden, sondern auch das Produktportfolio. Die gleiche Studie prognostiziert den Anstieg an digitalen Produkten im Portfolio von 30 % auf 80 % bis 2020.[6]

---

[3] Vgl. Voß 2017online verfügbar
[4] Bundesministerium für Wirtschaft und Energie 2015
[5] Vgl. Müller-Seitz et al. 2016 S. 25
[6] Vgl. Koch et al. 2014 S. 15 ff.

Der Prozess der digitalen Transformation spielt eine entscheidende Rolle bei der Digitalisierung von Unternehmen und Geschäftsmodellen. Die Auslöser dafür sind die neuen Technologien und deren rasante Entwicklung. Das Mooresche Gesetz besagt, dass die Rechenleistung sich alle zwei Jahre verdoppelt.[7] Folglich kommen immer weitere Entwicklungen zustande. Mobile Geräte verfügen bereits heute über eine Rechenleistung, die noch vor wenigen Jahrzehnten nicht mal ein Computer aufwies. Die Menschen sind stets erreichbar und miteinander immer mehr vernetzt.[8] Das Konzept der digitalen Transformation umfasst verschiedene Aspekte. Es geht um die digitale Entwicklung der Geschäftsmodelle und/oder einzelner Produkte und Dienstleistungen in dem vernetzten Umfeld der verschiedenen Wirtschaftsakteure mittels des Einsatzes moderner Technologien.[9] Das Ziel dabei ist die Steigerung der Wettbewerbsfähigkeit durch effizienten Einsatz neuer Technologien bessere Kundenansprache- und -bindung, passgenauere Produkte und zurückgehende Kosten.[10]

Die digitale Transformation hilft den Unternehmen die physische Welt der Produktion mit der virtuellen Welt der Daten zu verbinden wie in der Abbildung 1 dargestellt.

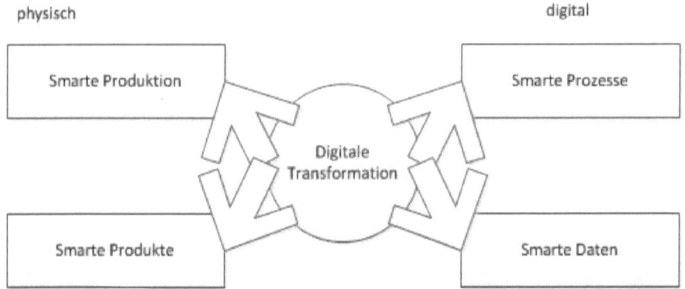

Abbildung 1 Aspekte der digitalen Transformation. In Anlehnung an Müller-Seitz S. 26

Müller-Seitz et al gehen auf die einzelnen Aspekte der digitalen Transformation ein. Unter smarter Produktion werden Produktionsabläufe verstanden, die die klassische Automatisierungstechnik mit künstlicher Intelligenz verbinden, wodurch smarte Prozesse entstehen. Smarte Prozesse sind effizienter. Die Produktions- und

---

[7] Vgl. Moore 1965 S.
[8] Vgl. Rasch und Koß 2015 S. 6
[9] Vgl. Schallmo 2016 S. 5
[10] Vgl. Müller-Seitz et al. 2016S. 26

Entwicklungszeiten reduzieren sich, das bringt die Innovationen schneller auf den Markt. Smarte Produkte bringen das Unternehmen und den Kunden einander näher. Die Produkte sind lernfähig und passen sich den Bedürfnissen der Nutzer an. Dabei entstehen große Mengen an Daten, die erfasst, verarbeitet und ausgewertet werden müssen, um die Prozesse und/oder Produkte weiter zu optimieren.[11]

Eine erfolgreiche Transformation verläuft nach PwC in sechs Phasen[12], die in der Abbildung 2 dargestellt sind und im Folgenden näher beschrieben werden.

Abbildung 2 Transformationsroadmap. Quelle: PwC 2013

In der Strategiephase wird das aktuelle Geschäftsmodell kritisch betrachtet und ein neues Geschäftsmodell entworfen. Die Unternehmenskultur und Mitarbeiterstruktur finden dabei Berücksichtigung. In der Designphase erfolgt das Erstellen des Trans-formationsplans. Dabei werden das Kollaborations- und das Betriebsmodell des Unter-nehmens in der geplanten Zielarchitektur festgelegt. In der Construct-Phase wird die Plattform entwickelt auf der das neue Betriebsmodell eingeführt wird, Governance Strukturen müssen dafür geschaffen werden und Aspekte der IT-Sicherheit finden Berücksichtigung. In der Implement-Phase werden Qualitätssicherungsmaßnahmen realisiert und die Mitarbeiter brauchen eine entsprechende Schulung. In der Operate-Phase wird die Plattform betrieben und unter Berücksichtigung von KPIs überwacht. Die Ergebnisse daraus fließen in die Review-Phase ein, bei der das Geschäftsmodell optimiert wird.

In den jeweiligen Phasen kann das Unternehmen als Hilfsmittel auf die Methoden des Crowdsourcing zurückgreifen. Diese werden im nächsten Unterkapitel erläutert.

2.2 Theoretische Grundlagen zu Crowdsourcing

2.2.1 Begriff des Crowdsourcing

Jeff Howe prägte den Begriff Crowdsourcing im Jahr 2006. Der Begriff besteht aus zwei Teilen - der Crowd, also der Menge bzw. dem Schwarm und Outsourcing, das

---

[11] Vgl. Müller-Seitz et al. 2016S. 26-27
[12] Vgl. PricewaterhouseCoopers 2017

Auslagern von Arbeitskräften. Dementsprechend bedeutet Crowdsourcing das Aufgaben im Wertschöpfungsprozess, die ursprünglich von dazu beauftragten Personen durchgeführt wurden, an eine große Menge von Beteiligten über das Internet ausgelagert werden.[13] Der Einsatz von Social Media eignet sich gut für diesen Zweck. Es können sowohl die bekannten Plattformen wie Facebook, LinkedIn und Twitter verwendet werden, als auch speziell für Crowdsourcing-Zwecke entwickelte Plattformen. Dabei wird auf das Prinzip der Weisheit der Massen spekuliert, welches besagt, dass die Masse bessere Ergebnisse erzielen kann, als einzelne Personen. Grund dafür ist die Meinungsvielfalt die durch die kollektive Intelligenz erreicht werden kann.[14] Das Unternehmen, das den Prozess initiiert wird als Crowdsourcer bezeichnet, die heterogenen Teilnehmer als Crowdsourcees.[15]

Zunächst wird der Begriff Crowdsourcing von den verwandten Begriffen des Outsourcings und Open Source abgegrenzt. Beim Outsourcing werden Aufgaben an Dritte ausgelagert, wobei ein vertraglich festgelegtes Resultat definiert wird. Die Motivation liegt in der vertraglichen Vereinbarung und dem finanziellen Anreiz. Beim Open Source Konzept arbeiten viele Menschen, oft intrinsisch motiviert, ein Produkt zu erstellen und weiterzuentwickeln. Es gibt lediglich grobe Vorgaben, in welche Richtung die Reise gehen soll. Das Produkt gehört anschließend der Allgemeinheit. In Bezug auf die beiden Kriterien Teilnehmermotivation und Vorgaben zum Endprodukt, ist Crowdsourcing zwischen den beiden Konzepten anzusiedeln.[16]

Verschiedene Faktoren, wie technologischer Fortschritt, immer mehr Interaktionen zwischen den verschiedenen Marktteilnehmern und Globalisierung des Arbeitsmarktes sorgen dafür, dass die Bedeutung von Crowdsourcing immer weiter zunimmt.[17] Durch die sinkenden Kosten für den Zugang zu Hard- und Software ist es immer mehr Menschen möglich Güter zu generieren und im Web 2.0 anzubieten.[18] Die Unternehmen müssen also flexibel auf diese Marktanforderungen reagieren, in dem die Spezialisierungsmöglichkeiten der weltweiten Netzwerke genutzt werden, und so nicht vom Markt gedrängt zu werden.

---

[13] Vgl. Howe 2010 online verfügbar
[14] Vgl. Leimeister 2012 S. 388
[15] Vgl. Hammon und Hippner 2012 S. 165
[16] Vgl. Underberg 2012 S. 127
[17] Vgl. Picot und Hopf 2013 S. 24 ff.
[18] Vgl. Hackstedt 2013 S. 17

2.2.2 Arten des Crowdsourcing

Zunächst kann Crowdsourcing in Abhängigkeit von den Teilnehmern in internes und externes Crowdsourcing untergliedert werden. Bei internem Crowdsourcing sind es die Mitarbeiter des Unternehmens, die aufgefordert werden einen bestimmten Input zu liefern. Bei der vorliegenden Arbeit wird jedoch nur externes Crowdsourcing betrachtet. Personen, die nicht zum Unternehmen gehören, werden motiviert sich an der Crowdsourcing-Aktion zu beteiligen.[19]

Es existieren verschiedene Anwendungsbereiche für Crowdsourcing. In der Literatur existieren zahlreiche Kategorisierungsvorschläge. In dieser Arbeit werden die Bereiche Crowdcreation, Crowdvoting, Crowdtesting, Crowdfunding und Crowdwork näher erläutert.

Crowdcreation. Bei Crowdcreation wird die Crowd in den Produktions- bzw. Entwicklungsprozess eines Produktes eingebunden.[20] Es kann sich dabei um die Generierung von Ideen handeln. Unternehmen leiden unter dem Kosten- und Ergebnisdruck innovative Produkte auf den Markt zu bringen die der heterogenen Kundenmasse gefallen.[21] So können die Unternehmen sicherstellen, dass die Produkte den Wünschen der künftigen Kunden besser entsprechen. Eine erfolgreiche Kampagne hatte der Kosmetikhersteller Manhattan durchgeführt. Im Rahmen der „Community Colours" Kampagne haben sich 20.000 Kunden an der Erstellung der neuen Nagel-lack-Kollektion beteiligt.[22] Eine andere Ausprägung des Crowdcreation ist Collaborative Knowledge. Wikipedia ist das bekannteste Beispiel dafür. Es handelt sich dabei um die Häufung von Wissen der Masse, die strukturiert aufgearbeitet und auf einer Plattform präsentiert wird.[23]

Crowdvoting. Hier werden die Crowdsourcees aufgerufen ihre Stimmen abzugeben, bzw. ihre Meinung hinsichtlich der Produktmerkmale zu äußern.[24] Es existieren zudem zahlreiche Plattformen, die das Crowdvoting als Geschäftsmodell betreiben. Fast alle etablierten Onlineshops lassen die Nutzer die Produkte bewerten.

---

[19] Vgl. Blohm et al. 2014 S. 54
[20] Vgl. Arns et al. 2014 S. 9
[21] Vgl. Richter et al. 2014 S. 7
[22] Vgl. Roskos 2012 online verfügbar
[23] Vgl. Pelzer et al. 2012
[24] Vgl. Hammon und Hippner 2012 S. 166

Crowdtesting. Bei dieser Form des Crowdsourcing werden Aufgaben zum Testen einer Software, einer Webseite, einer mobilen Anwendung usw. an die Crowd vergeben. Der Crowdsourcer hat dadurch die Chance die Usability seiner digitalen Produkte an einer bestimmten Zielgruppe zu testen, Fehler zu identifizieren und Verbesserungs-vorschläge zu sammeln. [25]

Crowdfunding. Bei dieser Methode wird ein bestimmtes Projekt mithilfe der Crowd finanziert. Es existieren zahlreiche Plattformen, wie www.kickstarter.com, auf der Unternehmer ihre innovativen Produkte vorstellen können und die Crowd davon über-zeugen Geld in ihr Projekt zu investieren.[26] Emotionen und ein positives Image des Unternehmens und/oder des Produktes spielen dabei eine entscheidende Rolle.[27] Eines der bekanntesten erfolgreichen Projekte auf dieser Plattform war die Pebble Time. Das Projekt hat 20 Mio. Dollar einsammeln können, um ein Konkurrenzprodukt zu der Apple Watch zu ermöglichen.[28] Eine Abwandlung davon ist Crowdinvesting. Hier werden die Investoren aus der Crowd aufgerufen in das Unternehmen gegen Ent-lohnung zu investieren.[29] Ein berühmtes Beispiel von Crowdfunding außerhalb der IT-Branche ist die Finanzierung des Wiederaufbaus der Frauenkirche in Dresden. Mehr als die Hälfte des benötigten Finanzierungsvolumens kam aus privaten Spenden.[30]

Crowdwork. Manche Autoren betrachten Crowdwork als einen Teilbereich von Crowdcreation. Bei Crowdwork handelt es sich um eine moderne Form der Arbeits-organisation. Mittels darauf spezialisierten Plattformen, wie z. B. www.topcoder.com werden dafür geeignete Crowdsourcees angesprochen einen Teil der unternehme-rischen Leistung zu erbringen. Hier kann es sich z. B. um Programmier- oder Design-aufgaben handeln.[31] Eine Unterform der Crowdwork stellt das sogenannte Micro-jobbing bzw. Microtasting dar. Bei diesem Konzept werden an die Crowd Kleins-taufgaben, die i. d. R. innerhalb weniger Minuten bearbeitet werden können vergeben. Das können z. B. Aufgaben zur Verschlagwortung, Web-Recherchen oder kurze Umfragen sein. Die Crowdsourcees erhalten dafür eine geringe Vergütung.[32] Kritisch

[25] Vgl. Arns et al. 2014 S. 29
[26] Vgl. Leimeister 2012 S. 10
[27] Vgl. Weber und Willfort 2016 S. 348
[28] Vgl. Sbetta 2016 online verfügbar
[29] Vgl. Arns et al. 2014 S. 22
[30] Vgl. http://www.frauenkirche-dresden.de/wiederaufbauspenden/
[31] Vgl. Blohm et al. 2014 S. 55
[32] Vgl. Arns et al. 2014 S. 17

anzumerken sind dabei die oft fehlende Qualitätssicherung der Ergebnisse bzw. unklare Vorgaben seitens des Auftraggebers.[33]

Transformationsroadmap	Crowdsourcing-Methode
Strategie	Crowdvoting, Crowdfunding
Design	Crowdcreation
Construct	Crowdwork
Implement	Crowdtesting
Operate	Crowdcreating
Review	Crowdvoting

Abbildung 3 Zusammenhang zwischen der Transformationsroadmap und den Crowdsourcing-Methoden. Quelle: eigene Darstellung

Die Abbildung 3 stellt den Zusammenhang zwischen der Transformationsroadmap von PwC und den Methoden des Crowdsourcing dar. In der Strategiephase ist ein Crowdvoting vorstellbar, um den Stakeholder-Nutzen zu identifizieren und Crowdfunding um dieses Vorhaben zu finanzieren. In der Designphase können Instrumente des Crowdcreation zum Einsatz kommen. Die Construct-Phase können Crowdworker unterstützend eingesetzt werden. Im Betrieb kann Crowdcreating in Form von User Generated Content eingesetzt werden. Crowdtester können beim Implementieren behilflich sein. Auch beim Review kann Crowdvoting hilfreich sein um die Verbesserungsvorschläge und Wünsche der Nutzer herauszufinden.

3. Digitale Erfolgsfaktoren für Unternehmen in der betrieblichen Praxis

3.1 Erfolgsfaktoren der digitalen Transformation

Inzwischen ist der Einsatz von Informationstechnologien in Unternehmen unverzichtbar und begründet nicht mehr einen Wettbewerbsvorteil, sondern eine Wettbewerbsfähigkeit. Ein Unternehmen welches keinerlei digitalisierten Prozesse hat ist unter regulären Umständen nicht mehr überlebensfähig. Eine Kommunikation ausschließlich per Briefpost und die Speicherung der Daten ausschließlich auf Papier ist kaum noch vorstellbar.[34] Aber das sollte erst der Beginn der digitalen Entwicklung sein. Unternehmen müssen lernen erfolgreich zu „strategieren", wie die Abbildung 4 zeigt.

---

[33] Vgl. Ipeirotis und Horton 2011
[34] Vgl. Foth 2016 S. 10

„Strategieren" ist hier die Schnittmenge aus den richtigen Tools, eingesetzt von den entsprechenden Akteuren in einer bestimmten Umgebung.[35]

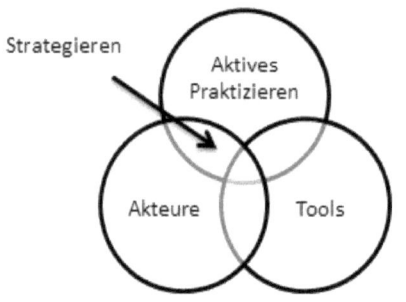

Abbildung 4 Strategieren. Quelle: Jarzabkowski et. al. 2007 S. 11

Das bedeutet zum einen völlig neue Tools zu etablieren. Start-up Unternehmen machen es vor. Es wird mit Minimum Value Product Entwicklungsmethoden gearbeitet, um schnell eine neue innovatives Produkt oder Geschäftsmodell auf den Markt zu bringen. Anschließend wird mit den Stakeholdern daran gearbeitet das Produkt weiterzuentwickeln und lässt es sterben, wenn sich kein Erfolg einstellt. Das aktive Praktizieren bedeutet, dass die Unternehmen alle Prozesse auf den Kopf stellen, um je nach Problemstellung nach neuen alternativen Lösungswegen zu suchen. Die im Prozess beteiligten Akteure sollten eine Mischung aus erfahrenen Managern und den sogenannten Digital Natives repräsentieren um relevante Aspekte besser zu erfassen.[36]

Wenn das Unternehmen diese Aspekte berücksichtigt und den digitalen Transformationsprozess beginnt, sollten einige Grundsätze beachtet werden. Hattendorf nennt die folgenden Erfolgsfaktoren für den Transformationsprozess eines Unternehmens:[37]

- Transformation zur Chefsache erklären. Das Management muss von der Notwendigkeit der Transformation überzeugt sein um die Mitarbeiter mit ins Boot nehmen zu können.

- Neue Geschäftsmodelle frühzeitig etablieren und die Entwicklungen auf dem Markt beobachten. Es sind die Neueinsteiger der Branche, die mit einem völlig neuen Geschäftsmodell die Branche verändern und die Platzhirsche vertreiben. Die Unternehmen müssen proaktiv handeln und die Entwicklung der neuen Geschäftsmodelle vorantreiben und zwar dann, wenn es dem Unternehmen gut geht und nicht erst dann, wenn die ersten Konkurrenten den Marktanteil schmälern.

---

[35] Vgl. arzabkowski et al. 2007 S. 11
[36] Vgl. Pfeiffer und Harengel 2015 S. 171 ff.
[37] Vgl. Hattendorf 2015

- Den Kunden stärker in den Produktentwicklungsprozess einbeziehen. Die Kunden sollen zum einen in den Innovationprozess einbezogen werden, zum anderen aber muss das Unternehmen in der Lage sein seine Kunden positiv mit Produktinnovationen zu überraschen.
- Digitale und analoge Kanäle nutzen. Auch Kunden machen eine digitale Transformation durch. Es empfiehlt sich nicht ab sofort nur noch digital präsent zu sein. Analoge Kanäle, Verkaufs- und Messestände sollten daher nicht sofort abgeschafft werden.
- Die IT im Unternehmen auf den neuesten Stand bringen. Dabei gibt es keine Patentlösung. Sicher ist, dass das Unternehmen Fachkräfte benötigt und diese auf dem Arbeitsmarkt nicht unbegrenzt vorhanden sind

3.2 Handlungsfelder einer erfolgreichen Transformation

Urbach und Ahlemann sehen die folgenden Handlungsfelder im Zusammenhang mit einer erfolgreichen Transformation:[38]

- Technologieentwicklungen verfolgen und auf ihre Relevanz für das Unternehmen bewerten;
- Den Markt beobachten, den Fokus auch auf kleine junge Unternehmen legen;
- IT-Architektur modernisieren, flexibler gestalten;
- Stärkere Zusammenarbeit zwischen der IT und den Fachabteilungen fördern um den Raum für Innovationen zu schaffen;
- Strategische Partnerschaften identifizieren, wenn die eigene Technologiekompetenz nicht ausreichend ist;
- Innovationsfreundliche Unternehmenskultur etablieren.

Entscheidend beim Transformationsprozess ist das Verständnis dafür, dass es nicht reicht Prozesse zu digitalisieren. „Wenn sie einen Scheißprozess digitalisieren, dann haben sie einen scheiß digitalen Prozess"[39], sagte Thorsten Dirks, CEO der Telefónica Deutschland AG. Damit ein Unternehmen Effizienzvorteile erzielt, müssen alle Prozesse auf ihre Wirksamkeit geprüft und ggf. im Kern überarbeitet werden.[40]

---

[38] Vgl. Urbach und Ahlemann 2017 S. 311
[39] Vgl. Bernau und Martin-Jung 2016 online verfügbar
[40] Vgl. Foth 2016 S. 11

Unternehmen, die den Weg der Digitalisierung beschreiten müssen agil und mutig handeln.[41] Im ersten Schritt sollten stets die internen Prozesse geprüft und aktualisiert werden. Die Schulung von allen relevanten Mitarbeitern ist der nächste Schritt. Erst dann können die extern wirksamen Prozesse die gleiche Transformation erfahren. Der Kundennutzen soll dabei an oberste Stelle gesetzt werden.[42] Hier könnten die Methoden des Crowdsourcing aus Kapitel 2.2.2 Arten des Crowdsourcing zum Einsatz kommen um den Kundennutzen so gut wie möglich zu ermitteln und einzubinden.

4. Crowdsourcing in der betrieblichen Praxis

4.1 Chancen und Risiken für Unternehmen beim Einsatz von Crowdsourcing

Der Einsatz von Crowdsourcing kann Unternehmen den Weg ins digitale Zeitalter erleichtern und dabei helfen die Produkte besser auf die Kunden abstimmen. Allerding verbergen sich hier auch Risiken. Zur besseren Übersicht werden die Chancen und Risiken für die Unternehmen beim Einsatz von Crowdsourcing Methoden tabellarisch in der Abbildung 5 dargestellt. Dabei werden die verschiedenen Arten von Crowdsourcing separat betrachtet.

Abbildung 5 Chancen und Risiken von Crowdsourcing

Crowd-	Chancen	Risiken
-creation	• Kann als erster Schritt im Innovationsprozess erfolgen, in dem man sich von den Ideen der Crowd inspirieren lässt.[43] • Ermöglicht den Zugang zu dem Wissen und Ideen vieler. • Kann für zahlreiche Aufgaben eingesetzt werden. Eignet sich sowohl für kreative Aufgaben, als auch für inhaltliche Aufgabenstellungen, wie Übersetzungen.[44]	• Der Crowdsourcer und die Crowdsourcees verfügen nicht über die gleiche Arbeitstechnik und verfolgen ggf. unterschiedliche Interessen bei der Produktgestaltung.[46] • Die Gefahr der Crowdslapping besteht. Dabei versuchen die Nutzer böswillig oder aus Spaß die Aktion zu sabotieren.[47] Beim nachträglichen Ändern der Regeln droht Unmut der Teilnehmer. Daher sollten

---

[41] Vgl. Pfeiffer und Harengel 2015 S. 168
[42] Vgl. Eugster 2017 online verfügbar
[43] Vgl. Leimeister und Zogaj 2013 S. 26
[44] Vgl. Picot und Hopf 2013 S. 30
[46] Vgl. Pfeiffer und Harengel 2015 S. 168
[47] Vgl. van Delden 2012 online verfügbar

Crowd-	Chancen	Risiken
	• Hilft die Kundenbindung und Markentreue zu steigern, da die Kunden sich besser mit dem fertigen Produkt identifizieren können. • Die Crowdsourcees sind zum Teil intrinsisch motiviert oder es genügen Punkteanreizsysteme, da die Teilnehmer nicht zwingend eine monetäre Entschädigung für ihre Zeit erwarten.[45]	diese vorher klar definiert werden. Die Aktion muss vom Unternehmen beobachtet und kontrolliert werden und darf nicht zum Selbstläufer werden.[48] • Der Organisationsaufwand wird oft unterschätzt und die Methode wird fälschlicherweise für kostengünstig gehalten.[49] • Die Urheberrechte am Ergebnis müssen vorab geklärt werden.[50]
-voting	• Kann eingesetzt werden um schnell Entscheidungen mithilfe der Nutzer zu treffen, bzw. Tendenzen aufzuzeigen. • Die Methode ist kostengünstig und es ist einfach eine große Masse zu erreichen. • Kann direkt durch die Umfrage der Nutzer erfolgen oder indirekt in dem die Klicks gezählt werden.[51]	• Es muss ggf durch das Unternehmen gesteuert werden wer berechtigt ist zu wählen um besser identifizieren zu können, welche Gruppe von Nutzern welche Präferenzen hat. Die Zielgruppenanalyse sollte vor dem Voting erfolgen.
-testing	• Qualität der internen Testergebnisse kann durch die externe Betaphase verbessert werden.[52] • Durch die hohe Anzahl an Testern erfolgt das Testen auf nahezu allen verfügbaren Geräten und Konfigurationen der Geräte. • Exploratives Testen ist möglich. • Die hoch-qualifizierten Mitarbeiter werden entlastet.[53]	• Eignet sich nicht für komplexe Systeme, weniger gut für B2B Anwendungen geeignet. • Die Anwendung sollte vor dem Test intern freigegeben werden. • Die Testergebnisse sollten abgewartet werden, bevor weitere Entwicklung erfolgt.[54]
-funding	• Insbesondere die kleinen Unternehmen haben die Möglichkeit ihre innovativen Produkte zu finanzieren. Die formalen Hürden geringer sind	• Beim reward based Crowdsourcing[58] muss das Produkt überzeugend sein. Für die Finanzierung von ganzen Unternehmen eignet sich

---

[45] Vgl. Hoßfeld et al. 2012 S. 207
[48] Vgl. Arns et al. 2014 S. 14
[49] Vgl. Janson et al. 2012 S. S. 24
[50] Vgl. Scheer 2013 S. 7
[51] Vgl. Underberg 2012 S.
[52] Vgl. Janson et al. 2012 S. 25
[53] Vgl. Arns et al. 2014 S. 27 ff.
[54] Vgl. Arns et al. 2014 S. 28-29

Crowd-	Chancen	Risiken
	als bei einer klassischen Kreditfinanzierung durch die Bank.[55] • Die Start-up Unternehmen haben die Chance die Produkte einer breiten Masse zu präsentieren. • Die Finanzierung funktioniert einfach und es zeich-net sich schnell ab, ob das Vorhaben erfolgreich sein wird. • Beim lending based Crowdsourcing[56] muss das Unternehmen keine Anteile an die Geldgeber austeilen und kann das Geld anschließend ein Eigenkapital verbuchen.[57]	reward based Crowdsourcing nicht, da es kein konkretes Produkt gibt. • Lending based Crowdsourcing kann durch die hohen Zinsen teuer sein. • Bei equity based Crowdsourcing müssen die Unternehmer Anteile am Unternehmen veräußern.[59]
-work	• Verursacht wenige Fixkosten, da die Crowdworker nach Aufwand entlohnt werden. Es müssen keine Sozialabgaben geleistet werden.[60] • Projekte können kurzfristig fertiggestellt werden, wenn eine große Menge an Personen daran arbeitet. • Es können leicht alle Sprachen abgedeckt werden.[61]	• Internes Betriebswissen geht verloren. • Die Mitarbeiter werden unsicher und haben Angst um ihre Arbeitsplätze.[62]

Zusammenfassend lassen sich folgende Vorteile für die Unternehmen feststellen: das Unternehmen hat den Zugang zu einer großen heterogenen Menge an Nutzern, zu denen die Beziehung durch Crowdsourcing aufgebaut und vertieft werden kann. Der Einsatz der Methoden ist innovativ und verkürzt die Produktentwicklungszeit. Gleichzeitig steigt die Chance auf den Erfolg des Produktes, da es gemäß den Anforderungen der potenziellen Kunden gestaltet wurde. Herausfordernd ist es die Kosten für ein solches Projekt genau zu kalkulieren. Es müssen Experten die Aktion begleiten, die das Projekt genau definieren und beobachten um zu vermeiden, dass es aus dem Ruder gerät. Es ist unklar wie sich die heterogene Masse an Crowdsourcees zusammensetzt.

---

[58] Investoren erhalten keine finanzielle Vergütung, sondern nur einen Goodie / Produktprototypen
[55] Vgl. Weber und Willfort 2016 S. 359
[56] Investoren erhalten eine Verzinsung des eingesetzten Kapitals
[57] Vgl. Angerer et al. 2017 S. 11
[59] Vgl. Angerer et al. 2017 S. 20
[60] Vgl. Müller 2016 17
[61] Vgl. Arns et al. 2014 S. 17
[62] Vgl. Müller 2016 S. 18

Die Fachkompetenz ist ggf. nicht ausreichend. Außerdem müssen vorab die rechtlichen Rahmenbedingungen durch Fachleute geprüft werden.[63]

4.2 Erfolgsfaktoren für den Einsatz von Crowdsourcing im Unternehmen

Basierend auf der Ausarbeitung von Blohm et al. (2013) können sechs Erfolgsfaktoren für den Einsatz von Crowdsourcing im Unternehmen definiert werden:[64]

1. *Klein anfangen und die Aktion nicht zum Selbstläufer werden lassen.* Unternehmen, die noch keine Erfahrungen mit dem Crowdsourcing gesammelt haben, sollten mit einem Pilot-Projekt starten, welches überschaubar ist und von dessen Erfolg oder Misserfolg nicht die gesamte Unternehmung abhängt.[65] Es sollte eine kleine Gruppe von Mitarbeiter ausgewählt werden, die das Projekt betreut. Diese Mitarbeiter sollten von dem Konzept des Crowdsourcing überzeugt sein und ausreichend Zeit bzw. Ressourcen zur Verfügung gestellt bekommen um das Projekt adäquat betreuen zu können. Wenn die Crowdsourcees keine adäquate Betreuung des Projektes erhalten, droht Gefahr, dass diese zum einen enttäuscht von dem Unternehmen oder sogar wissentlich die Aktion sabotieren. [66]

2. *Mitarbeiter überzeugen.* Insbesondere zu Beginn des Projektes ist es von großer Bedeutung dass die Mitarbeiter, die mit dem Projekt betraut sind überzeugt sind. Es wird Mitarbeiter oder auch Führungskräfte geben, die der Idee nicht offen gegenüberstehen. Der Einsatz von Crowdsourcing kann Arbeitsplatzängste auslösen oder auch das Gefühl nicht gut genug mittels interner Lösungen ausarbeiten zu können.[67] Das Unternehmen sollte die Betreuung von Crowdsourcing-Aktivitäten als eine besonders bedeutende Aufgabe positionieren. Die Mitarbeiter werden sich dann in diesem Aufgabengebiet profilieren wollen. Überzeugte Mitarbeiter, die sich für die Idee begeistert haben, dienen als Multiplikatoren in dem Unternehmen um die Skeptiker auch zu überzeugen.

3. *Die Crowdsourcing Aktivitäten multidimensional gestalten.* Die Unternehmen sollen die verschiedenen Formen des Crowdsourcing einsetzen und miteinander

---

[63] Vgl. Hammon und Hippner 2012 S.
[64] Vgl. Blohm et al. 2013 S. 209-210
[65] Vgl. Lüttgens et al. 2014 S. 365
[66] Vgl. van Delden 2012 online verfügbar
[67] Vgl. Lüttgens et al. 2014 S. 351

kombinieren. So kann Crowdcreation zum Sammeln von Ideen im Zuge des Innovationprozesses eingesetzt werden. Die Marketingabteilung kann zu Crowdvoting Methoden greifen und die Kunden über das Unternehmen und seine Produkte befragen und/sowie Meinungen sammeln. Auch die Personalabteilung kann von dem Einsatz von Crowdsourcing profitieren. Die besten Crowdworker können für das Unternehmen als feste Mitarbeiter interessant sein. Beim Crowdfunding geht es nicht nur das die Finanzierung sicherzustellen, sondern auch den ersten Markttest zu erhalten.[68]

4. *Die Aufgaben für die Crowd präzise formulieren.* Die Vorbereitungsphase auf die Crowdsourcing-Aktion ist die Basis für den Erfolg. Es ist empfehlenswert die Aufgabe, den Rahmen und die Idee der Aktion so genau wie möglich zu formulieren. Die Erklärungen sollten prägnant und verständlich sein. Die Rahmenbedingungen, wie Entlohnung, Zeitrahmen usw. sollten ebenfalls unmissverständlich beschrieben werden. Je präziser die Aufgabenstellung, desto größer ist der Nutzen, den das Unternehmen aus der Aktion generiert.

5. *Feedback aus der Crowd nutzen.* Die Ergebnisse der Crowdsourcing-Aktion sollten analysiert und ausgewertet werden um den Nutzen für das Unternehmen entfalten zu können. Aber Crowdsourcing bietet auch den Vorteil einer schnellen Reaktionszeit. Bei Nutzung von bestimmten Kanälen, wie den sozialen Medien, werden nahezu sofort erste Ergebnisse geliefert. Das kann dazu genutzt werden die Aufgabenstellung zu verbessern und zu konkretisieren, bevor diese in die Marktforschung geht.[69]

6. *Auf Datenqualität achten.* Eine Crowdsourcing-Aktion kann eine große Menge an unstrukturierten Daten hervorbringen. Diese in Struktur zu bringen kann für das Unternehmen einen großen Ressourceneinsatz bedeuten. Um das zu vermeiden sollte bereits bei der Aufgabenstellung darauf geachtet werden, dass die Daten strukturiert erstellt werden. Die Crowdsourcees sollten aufgerufen werden die Information zu kategorisieren, mit Schlagworten versehen, Spam und Doppelungen zu identifizieren, Beiträge zu kommentieren und zu bewerten.

---

[68] Vgl. Leimeister et al. 2016 S. 67
[69] Vgl. Arns et al. 2014 S. S. 41-42

Das Befolgen dieser Empfehlungen bietet dem Unternehmen keine Garantie dafür, dass das Crowdsourcing positiver Ergebnisse hervorbringt. Aber diese dienen als eine gute Orientierung um dem Ziel näher zu rücken.

5. Fazit

Zusammenfassend lässt sich feststellen, dass aufgrund des fortwährenden technischen Fortschrittes eine digitale Transformation für Unternehmen aus allen Branchen notwendig ist. Diese sollte strukturiert und geplant erfolgen. Es ist von Bedeutung den Markt zu beobachten und neue Geschäftsmodelle zu etablieren. Die Prozessoptimierung vor der eigentlichen Digitalisierung der Abläufe hat die oberste Priorität.

Die unterschiedlichen Methoden des Crowdsourcing sind ein geeignetes Hilfsmittel auf dem Weg in das digitale Zeitalter. Je nach Phase im Transformationsprozess bieten sich unterschiedliche Arten des Crowdsourcing an.

Jedoch sollen die Entscheider auf die unternehmerischen Risiken bei Einsatz von Crowdsourcing sensibilisiert werden, um diese rechtzeitig mit geeigneten Methoden abzumildern.

Um die Herausforderungen, die Crowdsourcing den Unternehmen bringt, erfolgreich zu meistern sind die sechs Erfolgskriterien zu beachten. Diese müssen auf das jeweilige Unternehmen spezifiziert werden, um die größtmögliche Wirkung entfalten zu können.

Des Weiteren ist anzumerken, dass nicht ausreichend Belege darüber existieren ob der Einsatz von Crowdsourcing in der Praxis zu gewünschten Ergebnissen führt. Es sollte detaillierter untersucht werden, ob Crowdsourcing Kosten spart, ob es effektiver und effizienter als die konventionelle Innovations-, Finanzierungs-, Bewertungs- und Qualitätssicherungsprozesse ist.

IV. Literaturverzeichnis

Al-Ani, A.; Stumpp, S.; Schildhauer, T. (2014): Crowd-Studie 2014 – Die Crowd als Partner der deutschen Wirtschaft (02). Online verfügbar unter https://ssrn.com/abstract=2437007 or http://dx.doi.org/10.2139/ssrn.2437007, zuletzt geprüft am 15.04.2017.

Angerer, M.; Brem, A.; Kraus, S.; Peter, A. (2017): Start-up Funding via Equity Crowdfunding in Germany – A Qualitative Analysis of Success Factors. In: *THE JOURNAL OF ENTREPRENEURIAL FINANCE* 19 (1), S. 1–34.

Arns, T.; Ulvi Aydin, V.; Beck M.; Bemmann, D.; Blohm, I.; Gebert, M. et al. (2014): Crowdsourcing im Unternehmen. Leitfaden.

Bernau, V.; Martin-Jung, H. (2016): "Was ich brauche, habe ich digital". Interview mit Thorsten Dirks. In: *Süddeutsche Zeitung*, 16.10.2016. Online verfügbar unter http://www.sueddeutsche.de/wirtschaft/montagsinterview-was-ich-brauche-habe-ich-digital-1.3207564?reduced=true, zuletzt geprüft am 06.06.2017.

Blohm, I.; Leimeister, J. M.; Krcmar, H. (2013): Crowdsourcing: how to benefit from (too) many great ideas. In: *MIS Quarterly Executive* 12 (4), S. 199. Online verfügbar unter https://www.alexandria.unisg.ch/229504/1/JML_464.pdf, zuletzt geprüft am 07.06.2017.

Blohm, I.; Leimeister, J. M.; Zogaj, S. (2014): Crowdsourcing und Crowd Work - ein Zukunftsmodell der IT-gestützten Arbeitsorganisation? In: Brenner W. und Hess T. (Hg.): Wirtschaftsinformatik in Wissenschaft und Praxis. Berlin Heidelberg: Springer-Verlag, S. 51–64.

Bundesministerium für Wirtschaft und Energie (Hg.) (2015): Industrie 4.0 und Digitale Wirtschaft. Impulse für Wachstum, Beschäftigung und Innovation.

Eugster, J. (2017): Elemente und Erfolgsfaktoren einer digitalen Strategie. Online verfügbar unter https://wifimaku.com/uebermorgen/elemente-und-erfolgsfaktoren-einer-digitalen-strategie-16744709.html, zuletzt aktualisiert am 19.04.2017, zuletzt geprüft am 06.06.2017.

Foth, E. (2016): Erfolgsfaktoren für eine digitale Zukunft. IT-Management in Zeiten der Digitalisierung und Industrie 4.0. Berlin, Germany: Springer Vieweg (Xpert.press).

Hackstedt, C. (2013): Kollektive Wertschöpfung – Potentiale von Crowdsourcing. Bachelorarbeit. TU Braunschweig. Institut für Sozialwissenschaften.

Hammon, L.; Hippner, H. (2012): Crowdsourcing. In: *WIRTSCHAFTSINFORMATIK* (3), S. 165–168.

Hattendorf, I. (2015): Digitale Transformation – Fünf Erfolgsfaktoren für Entscheider. Online verfügbar unter https://blog.qsc.de/2015/09/digitale-transformation-fuenf-erfolgsfaktoren-fuer-entscheider/, zuletzt geprüft am 06.06.2017.

Hoßfeld, T.; Hirth, M.; Tran-Gia, P. (2012): Crowdsourcing. In: *Informatik Spektrum* 35 (3), S. 204–208. DOI: 10.1007/s00287-012-0610-y.

Howe, J. (2010): Webblog. Online verfügbar unter http://crowdsourcing.typepad.com, zuletzt geprüft am 16.04.2017.

Ipeirotis, P. G.; Horton, J. J. (2011): The Need for Standardization in Crowdsourcing. In: *Proceedings of the Workshop on Crowdsourcing and Human Computation CHI*, S. 1–4. Online verfügbar unter http://john-joseph-horton.com/papers/the_need_for_standardization_in_crowdsourcing.pdf, zuletzt geprüft am 06.06.2017.

Janson, S.; Wenzlaff, K.; Eisfeld-Reschke, J. (2012): Bereit zum Ausschwärmen. In: *personalmagazin* (12), S. 24–25.

Jarzabkowski, P.; Balogun, J.; Seidl, D. (2007): Strategizing. The challenges of a practice perspective. In: *Human Relations* 60 (1), S. 5–27. DOI: 10.1177/0018726707075703.

Koch, V.; Kuge, S.; Geissbauer, R.; Schrauf, S. (2014): Industrie 4.0. Chancen und Herausforderungen der vierten industriellen Revolution. Hg. v. PwC. Online verfügbar unter https://www.strategyand.pwc.com/media/file/Industrie-4-0.pdf, zuletzt geprüft am 06.06.2017.

Leimeister, J. M.; Blohm, I.; Rhyn, M. (2016): Crowdsourcing. Chancen für den Mittelstand. In: *IM+io Fachzeitschrift für Innovation, Organisation und Management* (1), S. 64–68.

Leimeister, J. M.; Zogaj, S. (2013): Neue Arbeitsorganisation durch Crowdsourcing. Arbeitspapier Nr 287. Hans Böckler Stiftung.

Leimeister, M. (2012): Crowdsourcing. Crowdfunding, Crowdvoting, Crowdcreation. In: *Zeitschrift für Controlling & Management* 56 (6), 388-392.

Lüttgens, D.; Pollok, P.; Antons, D.; Piller, F. (2014): Wisdom of the crowd and capabilities of a few. Internal success factors of crowdsourcing for innovation. In: *Journal of Business Economics* 84 (3), S. 339–374. DOI: 10.1007/s11573-014-0723-7.

Moore G.E. (1965): Cramming more components onto integrated circuits. In: *Electronics* 38 (8), S. 114–117. Online verfügbar unter https://www.cs.utexas.edu/~fussell/courses/cs352h/papers/moore.pdf, zuletzt geprüft am 06.06.2017.

Müller, N. (2016): Crowdwork und Mitbestimmung. In: *Gute Arbeit* (12), S. 17–20.

Müller-Seitz, G.; Beham, F.; Thielen, T. (2016): Die digitale Transformation der Wertschöpfung. In: *Controlling & management review* (60), S. 24–31.

Pelzer, C.; Wenzlaff, K.; Eisfeld-Reschke, J. (2012): Crowdsourcing Report 2012. Neue Digitale Arbeitswelten. Berlin: epubli GmbH.

Pfeiffer, M.; Harengel, P. (2015): „Strategieren" als Managementprinzip der digitalen Transformation. In: S. Bartsch und C. Blümelhuber (Hg.): Always Ahead im Marketing. Offensiv, digital, strategisch. Unter Mitarbeit von Anton Meyer. Wiesbaden: Springer Gabler.

Picot, A.; Hopf, S. (2013): Grundformen des Crowdsourcing. … und ihre Bedeutung im Innovationsprozess. In: *Fachzeitschrift für Innovation, Organisation und Management* (03), S. 24–32.

PricewaterhouseCoopers (2017): Digitale Transformation. Online verfügbar unter https://www.pwc.de/de/digitale-transformation.html, zuletzt geprüft am 06.06.2017.

Rasch, M.; Koß, R. (2015): Digital Controlling. Digitale Transformation im Controlling. Hg. v. PwC. Online verfügbar unter https://www.pwc.de/de/digitale-transformation/assets/pwc-studie-digitale-transformation-im-controlling.pdf, zuletzt geprüft am 06.06.2017.

Richter, C.; Seidler-de Alwis, R.; Jötten, M. (2014): Crowdsourcing als Chance für mittelständische Unternehmen. In: *Zeitschrift für KMU und Entrepreneurship* 62 (1), S. 1–30.

Roskos, M. (2009): 12 gelungene Crowdsourcing Projekte. Hg. v. SocialNetworkStrategien Blog. Online verfügbar unter http://www.socialnetworkstrategien.de/2009/08/12-gelungene-crowdsourcing-projekte/, zuletzt geprüft am 16.04.2017.

Roskos, M. (2012): Manhattan bald mit neuen Community-Colours – Dank Crowdsourcing und unserAller.de. Hg. v. SocialNetworkStrategien Blog. Online verfügbar unter http://www.socialnetworkstrategien.de/2012/11/manhattan-bald-mit-neuen-community-colours-dank-crowdsourcing-und-unseraller-de/, zuletzt aktualisiert am 27.11.2012, zuletzt geprüft am 06.06.2017.

Sbetta, G. (2016): Die 5 erfolgreichste Kickstarter Crowdfunding-Kampagnen. Online verfügbar unter http://www.startplatz.de/die-5-erfolgreichste-kickstarter-crowdfunding-kampagnen/, zuletzt geprüft am 04.06.2017.

Schallmo, D. R. A. (2016): Jetzt digital transformieren. So gelingt die erfolgreiche Digitale Transformation Ihres Geschäftsmodells. 1. Aufl. 2016. Wiesbaden: Springer Fachmedien Wiesbaden GmbH; Springer Gabler (Essentials).

Scheer, A.-W. (2013): Mit Crowdsourcing steht die Expertise der ganzen Welt zur Verfügung. Chancen und Risiken der Schwarmintelligenz. In: *IM+io Fachzeitschrift für Innovation, Organisation und Management* (03), S. 6–7.

Underberg, B. (2012): Crowdsourcing (Jeff Howe). In: D. Michelis (Hg.): Social Media Handbuch. Theorien, Methoden, Modelle. 2. Auflage. Baden-Baden: Nomos, S. 134–148.

Urbach, N.; Ahlemann, F. (2017): Die IT-Organisation im Wandel. Implikationen der Digitalisierung für das IT-Management. In: *HMD Praxis der Wirtschaftsinformatik* 54 (3), S. 300–312. DOI: 10.1365/s40702-017-0313-6.

van Delden, C. (2012): Crowdslapping: Wenn Crowdsourcing schiefläuft. In: *Zeitschrift für Marktforschung und Marketing planung & analyse* (5). Online verfügbar unter http://innosabi.com/wp-content/uploads/2013/09/innosabi_planung-und-analyse-52012.pdf, zuletzt geprüft am 07.06.2017.

Voß, R. (2017): Wie sich durch digitale Wertschöpfung ein Mehrwert erzielen lässt. Hg. v. Handelsblatt. Online verfügbar unter http://unternehmen.handelsblatt.com/digitale-wertschoepfung.html, zuletzt geprüft am 09.05.2017.

Weber, C.; Willfort, R. (2016): Crowdbasierte Innovation. In: *Wirtschaftspolitische Blätter* (2), S. 347–361.